AF384791

Université de France.

ACADÉMIE DE STRASBOURG.

THÈSE
POUR LA LICENCE,

PRÉSENTÉE

A LA FACULTÉ DE DROIT DE STRASBOURG,

ET SOUTENUE PUBLIQUEMENT

le vendredi 26 août 1842, à midi,

PAR

A. A. JULES DOSS,

BACHELIER ÈS LETTRES ET EN DROIT,

DE STRASBOURG (BAS-RHIN).

STRASBOURG,
IMPRIMERIE DE G. SILBERMANN, PLACE SAINT-THOMAS, 3.
1842.

A LA MÉMOIRE DE MON PÈRE.

A MA MÈRE.

A MON ONCLE M. DOSS,

AVOUÉ A STRASBOURG.

J. DOSS.

FACULTÉ DE DROIT DE STRASBOURG.

M. Rauter, Doyen.

M. Aubry, Président de la thèse.

Examinateurs. { MM. Aubry, Rau, Blœchel, } Professeurs.

Eschbach, Professeur suppléant.

DROIT CIVIL.

(C. c., art. 516-543.)

DE LA DISTINCTION DES BIENS.

NOTIONS PRÉLIMINAIRES.

Dans une société organisée, le mot *biens* serait vide de sens s'il pouvait être séparé de l'idée de propriété ; car les biens seraient précairement dans la possession du plus fort ou du plus entreprenant, qui en dépouillerait à discrétion celui qui serait ou plus faible ou plus timide[1].

Il convient donc de bien fixer le sens du mot *biens*. Et d'abord établissons la différence qui existe entre les biens et les choses ; car en jurisprudence ces expressions ne sont point synonymes.

Le mot *choses*, pris dans son acception la plus large et la plus générale, se dit de tout ce qui est. Dans le langage du Droit le terme *choses*, quoiqu'ayant une signification moins vague, présente néanmoins un sens encore peu déterminé ; il s'entend de tout ce qui est dans la nature, et qui peut être de quelque utilité aux hommes, soit que ce puisse être ou non possédé par eux, comme un champ, un cheval, l'air, l'eau courante, etc.[2]

---

[1] L. F. A. Goupil Préfeln (de l'Orne), dans son rapport fait au tribunat sur le projet de loi intitulé *de la Distinction des biens*.

[2] Vinnius, *De rerum divis.* Heineccius, *Elementa juris*, n° 312.

Le mot *biens* a une signification plus limitée ; il s'applique seulement aux choses qui sont dans notre patrimoine.

Le dénomination de *biens* s'étend aux productions scientifiques ou littéraires, aux inventions et aux découvertes[1] ; elle comprend aussi les esclaves dans les pays où l'esclavage existe encore.

Pour avoir une idée exacte de ce qu'en Droit romain on entendait par le mot *biens*, il faut le rapprocher de *pecunia*, dont le sens est infiniment plus restreint que celui du mot *res*. « *Rei appellatio latior* « *est, quàm pecuniæ, quæ etiam ea quæ extrâ computationem nostri pa-* « *trimonii sunt, continet : cùm pecuniæ significatio ad ea referatur quæ in* « *patrimonio sunt* » (L. 5, § 1. *D. de verb. signif.*).

En un mot, les choses sont tout ce que l'on peut posséder, les biens tout ce que l'on possède. Ainsi, tous les biens sont des choses, mais toutes les choses ne sont pas des biens.

Néanmoins, le législateur emploie indifféremment le mot *choses* pour le mot *biens* (art. 544, 546, 548, etc.) ; mais le sens qu'il y attache ne saurait être douteux. A l'exemple du Code civil, nous nous servirons également de ces deux expressions.

Les biens peuvent être considérés sous deux points de vue différents, soit en eux-mêmes, d'après leur qualité naturelle ou légale ; soit dans leur rapport avec ceux qui les possèdent. Notre dissertation sera donc divisée en deux parties.

---

[1] Lois des 19 janvier et 6 août 1791, celle du 30 août 1792, celle des 19 juillet et 1er septembre 1793. Décret du 1er germinal an XIII. Avis du conseil d'État du 20 août 1811. Lois du 7 janvier et 25 mai 1791, et l'arrêté du 5 vendémiaire an IX.

PREMIÈRE PARTIE.

BIENS CONSIDÉRÉS EN EUX-MÊMES.

Tous les biens sont meubles ou immeubles (art. 516).

Cette division admise par le Code, comprend toutes les espèces de biens.

Il était fort important de la faire ; car il est une foule de cas où il devient nécessaire de bien savoir ce qu'on entend par meubles et par immeubles. Ainsi, les meubles tombent dans la communauté ; il n'en est pas ainsi des immeubles que les époux possèdent au jour de la célébration du mariage (art. 1401 et 1404). Les immeubles sont susceptibles d'hypothèque, les meubles ne le sont pas (art. 2118 et 2119). Ainsi encore, une personne fait un legs de tous ses meubles et un legs de tous ses immeubles, il est essentiel de savoir ce que comprend chacune de ces expressions, et par conséquent ce que chaque légataire aura le droit de réclamer. Les actions concernant les meubles se portent en général devant le tribunal du domicile du défendeur ; celles qui sont intentées à l'occasion d'un immeuble, se portent devant le juge de la situation de l'objet litigieux.

Cette distinction avait aussi beaucoup d'importance sous l'ancienne législation, à cause de la diversité de systèmes admis par les différentes coutumes en matière de succession : les unes déféraient le mobilier à telle classe d'héritiers et les immeubles en qualité de propres à telle autre classe. Il fallait encore distinguer les meubles des immeubles, parce que la succession des premiers était toujours régie par la coutume du domicile du défunt, quelque part qu'ils fussent situés, tandis que la succession des seconds était régie par la loi du lieu de la situation. L'abolition du régime féodal, la suppression des propres, des dîmes, des bénéfices, des offices héréditaires ont beaucoup simplifié la jurisprudence à cet égard.

Le Code admet encore implicitement une autre distinction des biens, celle des biens corporels et incorporels. Les biens corporels sont ceux qui ont une existence matérielle, qui tombent sous nos sens, que nous pouvons toucher, comme une maison, un champ, un livre, une table, etc. Les biens incorporels dont parlent les art. 1607, 1663 et 2075 du Code civil sont ceux qui n'ont pas d'existence physique, que nous ne concevons que par la pensée et qui ne consistent que dans un droit, comme une obligation, une hérédité, un usufruit, une servitude, etc. Peu importe que ces droits s'exercent sur une chose corporelle, ils n'en sont pas moins incorporels, car il ne faut pas confondre le droit avec la chose qui en fait l'objet. Une rente de mille francs est un bien incorporel, quoique l'argent qui en fait l'objet soit une chose corporelle.

Les biens corporels se subdivisent en meubles et immeubles; les biens incorporels ne sont de leur nature ni meubles ni immeubles, mais par un effet de la loi ils sont mobiliers ou immobiliers selon que les choses auxquelles s'applique le droit qui les représente sont mobilières ou immobilières.

Les choses peuvent encore se diviser en fongibles et non fongibles. Les choses fongibles sont celles qui, d'après la volonté expresse ou présumée des parties intéressées, peuvent être remplacées dans la restitution qui doit en être faite, par d'autres choses de même espèce et qualité. Les choses non fongibles au contraire sont celles qui ne sont pas susceptibles d'être remplacées identiquement par d'autres et qu'il faut rendre en nature. Le Code en donne un exemple en s'occupant de la compensation. La compensation, dit l'art. 1291, a lieu entre choses fongibles de la même espèce et qui sont également liquides et exigibles.

Nous allons traiter des meubles et des immeubles dans les deux chapitres suivants.

CHAPITRE PREMIER.

DES IMMEUBLES.

Les biens sont immeubles ou par leur nature, ou par destination, ou par l'objet auquel ils s'appliquent, ou enfin par une permission de la loi.

SECTION PREMIÈRE.

Immeubles par leur nature.

Les immeubles par leur nature sont en général tous les objets qui sont inhérents au sol et qui ne font qu'un tout avec le fonds auquel ils se rattachent. On regarde généralement les bâtiments comme étant des immeubles par leur nature, parce qu'ils font en quelque sorte partie du fonds sur lequel ils sont construits, d'après la règle : *quod solo inædificatur solo cedit ;* mais il serait plus exact de dire que les bâtiments, ouvrage de l'art et non de la nature, sont immeubles par accession au sol.

Comme ce n'est que par leur incorporation avec le sol que les bâtiments sont immeubles, il s'ensuit que les constructions qui sont simplement posées sur la surface de la terre, sans fondements, comme les boutiques qu'on élève pendant la durée d'une foire, ne sont pas des immeubles, mais bien des meubles.

Par suite du même principe, les moulins à vent ou à eau, fixés sur piliers et faisant partie du bâtiment, sont aussi immeubles par leur nature. Mais faut-il nécessairement que le moulin soit fixé sur piliers et qu'il fasse partie du bâtiment pour être réputé immeuble? L'une ou l'autre de ces conditions doit suffire. En effet, l'art. 531 exige, pour qu'un moulin soit réputé meuble, qu'il ne soit pas fixé sur piliers, et qu'il ne fasse point partie du bâtiment. Donc si l'une de ces conditions vient à manquer, le moulin n'est pas meuble, par conséquent il est immeuble. Il est vrai que l'art. 519 semble exiger les deux conditions.

Au surplus, nous avons adopté l'opinion de Pothier[1], qui décide, en s'appuyant sur l'art. 90 de la coutume de Paris et sur l'art. 352 de celle d'Orléans, qu'un moulin à vent est censé faire partie du sol sur lequel il est placé, du moment qu'il est placé à perpétuelle demeure, quoiqu'il n'y soit point fixé. Cependant nous croyons qu'il ne doit être réputé immeuble que lorsqu'il y a été placé par le propriétaire du fond, et qu'il en serait autrement s'il y avait été placé par un usufruitier ou par un fermier.

Ici se présente encore une autre question, celle de savoir si une usine, quoique fixée sur piliers, mais placée sur une rivière navigable ou flottable doit être réputée immeuble ?

Il est vrai que le lit de ces rivières appartient à l'État ; en s'appuyant alors sur les principes de l'accession, l'usine ne serait immeuble qu'autant qu'elle appartiendrait à l'État, et elle serait meuble si elle appartenait à un particulier. Mais il nous paraît que l'État, en concédant la faculté d'établir une usine, concède par cela même aussi la superficie de la rivière sur laquelle l'usine doit être établie. Le concessionnaire acquiert, par le droit de superficie, tous les avantages attachés à la propriété immobilière. L'art. 41 du titre 27 de l'ordonnance de 1669, sur les eaux et forêts, vient à l'appui de notre opinion ; il porte : « La propriété de tous les fleuves et rivières portant « bateaux, de leurs fonds, sans artifice et ouvrage des mains, dans « notre royaume et terres de notre obéissance, fait partie du domaine « de notre couronne, nonobstant tous titres et possessions contraires, « sauf les droits de pêche, moulins, bacs et autres usages que les par- « ticuliers peuvent y avoir par titres et possessions valables, auxquels il « seront maintenus. » Il est évident que les particuliers sont maintenus

---

[1] *Traité de la communauté*, n° 36.

comme propriétaires d'un droit immobilier et non pas d'une chose simplement mobilière. Il faut donc regarder comme immeubles les moulins à vent ou à eau ou toute autre usine fixée sur piliers, n'importe sur quelle rivière elle soit placée; l'art. 519 ne fait aucune distinction à cet égard.

D'après l'art. 8 de la loi du 21 avril 1810, les mines sont immeubles. Sont aussi immeubles les bâtiments, machines, puits, galeries et autres travaux établis à demeure pour l'exploitation de la mine, conformément à l'art. 524 du Code. Or, l'art. 524 s'occupe des choses qui sont immeubles par destination; il faut donc conclure que tous les objets compris dans cet alinéa sont immeubles par destination.

Sont aussi immeubles par destination, les chevaux employés à l'exploitation dans l'intérieur de la mine. Les matières extraites sont meubles, ainsi que les chevaux destinés à les transporter.

La loi a voulu que du moment où la mine serait concédée, même au propriétaire de la surface, cette concession fût considérée comme une propriété nouvelle, susceptible d'hypothèque, indépendante de celles prises ou à prendre sur la surface. La loi n'a rien dit de semblable en parlant soit des minières, soit des carrières, elle n'a apporté aucun changement au droit commun qui régissait leur nature et leurs produits.

La vente de l'exploitation de la carrière et des ustensiles est une vente purement mobilière[1].

Les récoltes pendantes par les racines et les fruits des arbres non encores recueillis, sont également immeubles (art. 520). Ils sont censés faire partie du fond auquel ils sont attachés.

Dès que les grains sont coupés et les fruits détachés, quoique non enlevés, ils sont meubles. Si une partie seulement de la récolte est coupée, cette partie seule est meuble (art. 520). Ces objets n'étant alors plus attachés au fonds avec lequel ils étaient censés ne faire

[1] Rejet. 31 mars 1816. Sirey, t. XVII, p. 7.

qu'un seul et même tout, doivent nécessairement perdre leur qualité d'immeubles.

La qualification d'immeubles donnée aux fruits pendants par racine, doit être restreinte au cas de succession et autres semblables dont elle doit régler les effets ; ce qui n'empêche pas que ces fruits ne puissent être saisis comme objets mobiliers, pourvu que la saisie soit faite dans un temps voisin de la récolte; on se conformera dans ce cas aux dispositions de l'art. 626 et suivants du Code de procédure civile. Si le fonds lui-même est saisi, les fruits échus depuis la dénonciation au saisi seront immobilisés pour être distribués avec le prix de l'immeuble par ordre d'hypothèques (C. de procéd. civ., art. 689).

L'art. 521 porte : Les coupes ordinaires des bois taillis ou de futaies, mises en coupes réglées, ne deviennent meubles qu'au fur et à mesure que les arbres sont abattus. Cet article est, pour ainsi dire, la répétition de l'article précédent; seulement sa disposition s'applique plus spécialement aux bois. On peut dire, en général, que toutes les plantations et fruits quelconques sont immeubles, mais du moment où ils sont coupés, ils cessent de faire partie du fonds et deviennent meubles.

Ici cependant s'élève une question : Doit-on conclure de l'art. 521 que les futaies non mises en coupes réglées ne deviennent pas meubles quand elles sont abattues? Les bois taillis et les futaies mises en coupes réglées sont assimilés aux autres récoltes. Parvenu au point où il doit être coupé, le taillis est regardé comme un fruit à la perception duquel le créancier hypothécaire n'a pas plus le droit de s'opposer, qu'il ne pourrait empêcher la fauchaison d'un pré ou la récolte d'une moisson. Il peut seulement, si sa créance est exigible, faire saisir la coupe par saisie-brandon, comme il le pourrait à l'égard de tout autre fruit. Au contraire, les bois qui ne sont pas mis en coupes réglées, ne sont pas considérés comme des fruits, mais comme une partie intégrante du fonds, et dès lors le créancier hypothécaire pourrait en empêcher la coupe, car, si le débiteur abat sur le fonds qu'il a hypothéqué, une futaie non mise en coupes réglées, il diminue par cela même la valeur de l'immeuble. Les arbres abattus seraient bien toujours meubles à l'égard du vendeur usant de ses droits et de l'acquéreur, mais il n'en serait pas de même à l'égard des créanciers. Ainsi le créancier, auquel le fonds serait hypothéqué, aurait le droit d'exiger le remploi du prix de la coupe ou le remboursement de sa créance (art. 1188 et 2131).

Par une conséquence du même principe, si le fonds était sujet à un usufruit, le prix de la coupe appartiendrait au propriétaire et non à l'usufruitier. Ainsi encore, si une futaie non mise en coupes réglées est abattue sur le propre de l'un des époux, les produits ne tombent dans la communauté qu'à la charge d'une récompense pour l'époux propriétaire du fonds (art. 1433).

Quoique les fruits pendants par branches ou par racines et les bois non encore coupés soient immeubles, cependant ils ne sont considérés que comme choses mobilières à l'égard du fermier ou de l'acheteur de la récolte ou de la coupe, ou même de l'acheteur d'une futaie non mise en coupes réglées; car le droit de percevoir les fruits et les bois a pour objet une chose mobilière. Il s'ensuit que les fruits et les bois tomberaient dans la communauté et feraient partie du legs que le fermier ou l'acheteur aurait fait de ses meubles; il s'ensuit encore que les mêmes objets ne pourraient être hypothéqués.

Les arbres des pépinières sont immeubles dans les mains du propriétaire du sol tant qu'ils ne sont pas arrachés. Si toutefois ils n'étaient pas destinés à y rester, s'ils n'y étaient qu'en dépôt, ils seraient meubles. A l'égard des fleurs et des arbustes placés par le propriétaire, ils sont immeubles s'ils sont plantés en pleine terre. Il en est autrement s'ils sont plantés dans des caisses ou dans des pots; ils sont alors meubles comme le sont les pots et les caisses mêmes. On pourrait toutefois, comme le fait observer M. Duranton, les regarder comme étant des immeubles par destination, s'ils sont placés par le propriétaire à perpétuelle demeure et destinés à orner le fonds.

SECTION II.

Immeubles par destination.

Sont immeubles par destination les objets mobiliers que le propriétaire d'un fonds y a placés, à perpétuelle demeure, pour le service et l'exploitation de ce fonds.

Il faut nécessairement que ces objets aient été placés par le propriétaire du fonds, car s'il en était autrement, si, par exemple, ils y avaient été placés par le fermier ou le locataire, ils ne seraient point immeubles par destination, parce qu'on ne peut supposer à ce fermier ou à ce locataire l'intention de les avoir placés à perpétuelle demeure sur un fonds dont il n'a qu'une jouissance temporaire.

Ainsi les animaux, les ustensiles aratoires placés par le fermier, sont des meubles sous tous les rapports et relativement à qui que ce soit; mais les objets qui sont incorporés au fonds, comme les tuyaux servant à la conduite des eaux, ainsi que les réservoirs, pierres et vaisseaux destinés à les contenir, sont des immeubles par incorporation, n'importe par qui ils aient été placés.

Par une conséquence du principe ci-dessus les animaux que le propriétaire du fonds livre au fermier ou au métayer pour la culture, estimés ou non, sont censés immeubles tant qu'ils demeurent attachés au fond par l'effet de la convention (art. 522). Mais si le propriétaire les vend au fermier, ils perdent leur qualité d'immeubles; ils sont alors censés placés par le fermier, quoiqu'ils ne soient pas sortis du fonds.

Les animaux placés par le fermier pour la culture, sont meubles. Ceux que le propriétaire donne à cheptel à d'autres qu'au fermier ou métayer, sont également meubles (art. 522).

L'art. 524 déclare immeubles par destination :

Les animaux attachés à la culture. Il faut entendre ici par ces mots *animaux attachés à la culture*, ceux que le propriétaire y a attachés quand il cultive lui-même, car autrement cette disposition ne serait qu'une répétition de l'art. 522 où il est question des animaux que le propriétaire du fonds livre au fermier [1].

Les ustensiles aratoires : s'ils étaient placés par le fermier ils seraient meubles.

Les semences données aux fermiers ou colons partiaires : Dans l'ancien Droit, les semences n'étaient censées faire partie du fonds que du moment où elles étaient jetées en terre [2]. Aujourd'hui toute distinction a cessé et les semences, jetées en terre ou non, doivent être regardées comme immeubles, dès qu'elles sont destinées à servir à l'exploitation du fonds.

Les pigeons des colombiers, les lapins des garennes, les poissons des étangs : les lapins enfermés dans un clapier, les pigeons dans une volière, les poissons dans un vivier sont regardés comme choses mobilières.

Les ruches à miel : parce qu'elles sont placées à perpétuelle demeure, ainsi que les abeilles qui sont un moyen de produit obtenu à l'aide du fonds qui nourrit principalement les abeilles.

Les pressoirs, chaudiéres, alambics et *tonnes,* quelles qu'en soient la dimension, la forme, ou leur plus ou moins d'adhérence au fonds, sont immeubles; la destination du propriétaire suffit pour les rendre tels. Cependant, les tonneaux sont généralement regardés comme étant des meubles.

Les ustensiles nécessaires à l'exploitation des forges, papeteries et autres usines, de quelques poids et valeur que soient ces objets, sont immeubles, s'ils ont été placés par le propriétaire du fonds.

---

[1] Arrêt du 1ᵉʳ avril 1835, ch. civ., Dall., ann. 1835, 1ʳᵉ partie, p. 212.
[2] Pothier, *Traité de la communauté,* nᵒ 33.

D 2.

Les presses d'imprimerie, les métiers de tisserands, quoique attachés au lieu où ils sont, pouvant en être facilement déplacés, ne sont point regardés comme faisant partie de la maison[1], même quand ils ont été placés par le propriétaire. Ces objets sont plutôt destinés à l'exercice de la profession qu'au service de la maison.

Il n'en est pas de même d'une forge de serrurier ou de maréchal : ne pouvant être déplacée du lieu où elle est construite sans être entièrement démolie, elle est censée établie à perpétuelle demeure et faire partie de la maison[2].

Les pailles et engrais, en tant qu'ils sont destinés au service du fonds ; mais s'ils devaient être vendus, ils deviendraient meubles.

Sont aussi immeubles par destination, tous effets mobiliers que le propriétaire a attachés au fonds à perpétuelle demeure.

Le propriétaire est censé avoir attaché à son fonds des effets mobiliers à perpétuelle demeure, quand ils y sont scellés en plâtre, à chaux ou à ciment ou lorsqu'ils ne peuvent être détachés sans être fracturés ou détériorés, ou sans briser ou détériorer la partie du fonds à laquelle ils sont attachés.

Les glaces d'un appartement sont censées mises à perpétuelle demeure, lorsque le parquet, sur lequel elles sont attachés, fait corps avec la boiserie, ce qui prouve que la boiserie elle-même est immeuble comme complément de l'appartement ; il en est de même des tableaux et autres ornements.

Les statues sont immeubles quand elles sont placées dans une niche pratiquée exprès pour les recevoir, encore qu'elles puissent être enlevées sans fracture ou détérioration ; car, si on enlevait la statue de sa niche, il manquerait, pour ainsi dire, quelque chose à l'édifice.

Par la même raison, sont immeubles par destination, quoiqu'ils ne

---

[1] Pothier, *Traité de la communauté*, n° 51.
[2] *Idem*, n° 52.

soient point scellés au fonds, les clefs des appartements, les volets mobiles d'une boutique, etc.

SECTION III.

Des immeubles par l'objet auquel ils s'appliquent.

L'art. 526 déclare immeubles par l'objet auquel ils s'appliquent :

L'usufruit des choses immobilières, les servitudes ou services fonciers, les actions qui tendent à revendiquer un immeuble.

Toutes ces choses ne sont pas plutôt des meubles que des immeubles, car ce sont des droits ou des choses incorporelles ; c'est pourquoi il nous a paru convenable d'établir ici un principe qui doit régir cette matière : c'est que toute chose incorporelle qui a pour objet un immeuble, *quæ tendit ad quid immobile*, est immeuble, et toute chose incorporelle qui a pour objet un meuble, *quæ tendit ad quid mobile*, est meuble. Il est cependant à remarquer que l'art. 526 n'est point conçu dans un sens restrictif.

Nous diviserons cette section en trois paragraphes.

§ 1er. *De l'usufruit des choses immobilières et de ce qui s'y rattache.*

L'usufruit d'un immeuble s'appliquant à une chose immobilière, est immeuble. Cependant l'usufruit ne doit s'entendre ici que du droit réel de jouir d'un immeuble dont une autre personne a la propriété et non des revenus que l'usufruit procure à celui qui a droit à cette jouissance. L'usufruit participe de la nature des choses immobilières : aussi est-il susceptible d'hypothèque comme elles. (art. 2118). Mais aussitôt que l'usufruit vient à cesser, l'hypothèque s'éteint.

Quoique la loi n'ait parlé que de l'usufruit, il ne faut pas croire qu'elle a entendu exclure les droits d'usage et d'habitation. Ces droits, du moins quant à l'habitation, ne peuvent même exister que sur un immeuble, tandis que l'usufruit peut être établi sur les meubles et sur les immeubles.

Le droit résultant d'un bail à ferme ou à loyer est mobilier. Par le bail, le preneur acquiert seulement contre le bailleur une action tendant à le faire jouir de la chose affermée ou louée (art. 1709 et 1719); il n'acquiert aucun droit dans la chose même comme l'usufruitier qui a directement un droit dans la chose, *jus in re*. Voilà pourquoi l'usufruit est sujet à l'hypothèque et non les baux à ferme ou à loyer.

Le droit résultant d'un bail à longues années [1] doit-il être regardé comme mobilier ou comme immobilier? Selon Pothier [2], c'est un droit immobilier. Mais ce qui a pu déterminer cet auteur à admettre cette décision, c'est qu'anciennement on voyait dans ce bail comme une sorte de démembrement de la propriété, et le droit qu'il vous conférait était un droit réel, *jus in re*.

Aujourd'hui c'est un bail comme un autre, avec les mêmes effets, sauf la durée; le droit qu'il donne doit donc être un droit mobilier.

§ 2. *Des servitudes ou services fonciers, considérés comme immeubles.*

Les caractères essentiels de la servitude se trouvent dans la définition qu'en donne l'art. 637. Une servitude est une charge imposée sur un héritage pour l'usage et l'utilité d'un héritage appartenant à un autre propriétaire. La servitude est une charge, or une charge est essentiellement une chose incorporelle qui n'a aucune existence sans le fonds qui s'en trouve grevé; elle a donc pour objet une chose immobilière, puisqu'elle s'applique à cette chose; elle est donc elle-même immobilière. En sorte que celui qui vend, lègue ou hypothèque un immeuble auquel il est dû un droit de servitude, vend, lègue ou hypothèque par cela même la servitude; si c'est l'immeuble

---

[1] On entend par *bail à longues années* celui qui excède neuf ans, mais qui ne saurait durer au delà de quatre-vingt-dix-neuf années.

[2] Pothier, *Traité de la communauté*, n° 71.

grevé qui est vendu, légué ou hypothéqué, il l'est aussi avec la charge dont il est affecté.

Les actions résultant du droit de servitude sont immeubles : ce sont les actions *confessoire* et *négatoire*.

§ 3. *Des actions tendant à revendiquer un immeuble.*

L'art. 526 porte que les actions, qui tendent à revendiquer un immeuble, sont immeubles ; mais l'expression *revendiquer* doit être pris dans un sens large : elle comprend toutes les actions qui ont pour objet un immeuble.

Il s'ensuit que dans la vente d'un immeuble, l'action de l'acheteur est immeuble, parce qu'elle a pour objet une chose immobilière ; tandis que l'action du vendeur est meuble, parce qu'elle ne tend qu'à obtenir le payement du prix qui est une chose mobilière.

Il en résulte encore que l'action en réméré, s'appliquant à un immeuble, est immeuble. Il en est de même de l'action en résolution de vente , à défaut de payement du prix ; ainsi que de l'action en rescision pour cause de lésion de plus des sept douzièmes dans le prix de vente. Cette action est immobilière encore que le défendeur ait la faculté de retenir l'immeuble et de se libérer en payant le supplément du juste prix, sous la déduction du dixième du prix total. Cependant la Cour de cassation a jugé que l'action en rescision pour cause de lésion est mobilière, « attendu , dit l'arrêt[1], qu'elle a pour « objet principal et direct le supplément du juste prix de l'immeuble « vendu. » Cet arrêt n'est pas conforme aux véritables principes de la matière ; car l'action en rescision n'a pour objet principal et direct que la restitution de l'immeuble. Le demandeur n'a pas un droit alternatif ; c'est ce qui résulte de l'art. 1681 du Code civil.

Lorsque deux choses, dont l'une est immeuble et l'autre meuble, sont dues sous une alternative, ou le choix appartient au débiteur,

---

[1] Arrêt du 23 prairial an XII (Sirey, t. IV, part. I, p. 369).

ou il appartient au créancier. Dans ce dernier cas, l'action qui compète au créancier sera mobilière ou immobilière, selon qu'il aura choisi le meuble ou l'immeuble. Si le choix appartient au débiteur, l'action du créancier devra être à la fois mobilière et immobilière.

SECTION IV.

Choses immobilières en vertu d'une permission.

Le Code civil déclare meubles toutes les rentes, soit sur l'État, soit sur particuliers, ainsi que les actions ou intérêts dans les compagnies de finance, de commerce ou d'industrie. Mais depuis sa publication, diverses dispositions ont autorisé l'immobilisation des rentes sur l'État et des actions de la banque de France.

Voyons maintenant comment s'opère l'immobilisation.

Le décret du 16 janvier 1808, qui arrêta définitivement les statuts de la banque de France, s'est occupé de cette matière.

L'art. 7 porte que les actionnaires, qui veulent donner à leurs actions la qualité d'immeubles, en ont la faculté, et dans ce cas ils en font la déclaration dans les formes prescrites pour les transferts. Cette déclaration une fois inscrite sur les registres, les actions seront soumises au Code civil et aux lois des priviléges et hypothèques comme les propriétés foncières; elles ne pourront être aliénées et les priviléges et hypothèques être purgés qu'en se conformant au même Code et aux lois relatives aux priviléges et hypothèques sur les propriétés foncières.

Quant aux rentes, elles seront immobilières par la déclaration que fera le propriétaire dans la même forme que pour les transferts des rentes [1].

Les rentes ainsi immobilisées continueront à être inscrites sur le grand livre de la dette publique pour mémoire, avec déclaration de

---

[1] Art. 3 du décret du 1er mars 1808.

l'immobilisation, et seront en outre portées sur un livre particulier[1].

Enfin, par décret du 16 mars 1810, ces dispositions ont été appliquées aux actions des canaux d'Orléans et du Loing.

CHAPITRE II.

DES MEUBLES.

Les biens sont meubles par leur nature ou par la détermination de la loi. Cette distinction fera la matière de deux sections. Dans une troisième section nous déterminerons la valeur des expressions *meubles, meubles meublants, biens meubles, mobilier, effets mobiliers.*

SECTION PREMIÈRE.

Des meubles par leur nature.

Les biens meubles par leur nature sont tous les corps qui peuvent se transporter d'un lieu dans un autre, soit qu'ils se meuvent par eux-mêmes, comme les animaux, soit qu'ils ne puissent changer de place que par l'effet d'une force étrangère, comme les choses inanimées (art. 528). Ainsi sont meubles par leur nature tous les corps mobiles qui se trouvent dans le domaine de l'homme, destinés à son usage, sans avoir été attachés à aucun fonds. Tels sont les animaux que l'homme emploie à son service, tels sont encore les ustensiles de ménage, le linge, les habits, les équipages, les denrées; et en général tous les effets mobiles qui garnissent les appartements, l'argent, les livres, les bijoux et pierreries, les tableaux, gravures et médailles, les statues non placées dans des niches, les presses des im-

Art. 4 du décret du 1er mars 1808.

18

primeries, les outils et instruments employés dans les sciences, les arts et les métiers.

Les bateux, bacs, navires, moulins et bains sur les bateaux, et généralement toutes usines non fixées par des piliers et ne faisant pas partie d'une maison, sont également meubles par leur nature (art. 531).

Les différentes coutumes étaient loin d'être d'accord sur ce point. Les unes déclaraient ces objets meubles et les autres en faisaient des immeubles. La disposition de l'art. 531 a fait cesser toute incertitude à cet égard.

La saisie de quelques-uns de ces objets, peut, à cause de leur importance, être soumise à des formes particulières (C. de c., art. 207, 215).

Les matériaux provenant de la démolition d'un édifice, sont meubles (art. 532); ils conservent encore cette qualité, lors même que l'édifice n'a été démoli que pour être reconstruit et que les matériaux sont destinés à la reconstruction. Tant que ces matériaux n'ont pas été employés, ils peuvent être saisis comme meubles[1].

Nous n'avons pas cru devoir admettre l'opinion de Pothier[2] qui distingue si le propriétaire paraît avoir abandonné ou non le dessein de reconstruire sa maison; dans le premier cas, les matériaux séparés du sol sont meubles; dans le second, immeubles. Les matériaux, soit ceux qui proviennent de la démolition d'un édifice, soit ceux qui sont assemblés pour en construire un nouveau, sont meubles et ils ne perdent cette qualité que du moment où ils sont employés par l'ouvrier dans une construction.

Cependant il ne faudrait pas en tirer la conséquence qu'une simple réparation à faire à une partie de la maison, et qui nécessiterait

---

[1] Arrêt de la Cour royale de Lyon du 23 décembre 1811, D. t. II, p. 476, rendu toutefois dans un cas où tout l'édifice avait été démoli.

[2] *Traité 'e la communauté*, n° 62.

le déplacement de cette partie, lui ferait perdre la qualité d'immeuble : c'est ici le cas d'appliquer l'exception de la loi romaine : *ea quæ ex ædificio detracta sunt, ut reponantur, ædificii sunt,* car l'édifice subsiste toujours.

Il est inutile d'ajouter que les choses mobilières qui n'ont acquis la qualité d'immeubles que par leur destination, reprennent leur caractère primitif lorsque cette destination vient à cesser.

SECTION II.

Meubles par la détermination de la loi.

Sont meubles par la détermination de la loi :

1° Les obligations et actions qui ont pour objet des sommes exigibles ou des effets mobiliers. C'est là une nouvelle application de la règle, qu'il faut toujours s'attacher à la nature de l'objet auquel s'appliquent les actions et ne pas avoir égard à la cause qui les a produites. Ici elles s'appliquent à des choses mobilières, elles doivent donc participer de la nature de ces choses et par conséquent être mobilières elles-mêmes.

2° Les actions ou intérêts dans les compagnies de finances, de commerce ou d'industrie, sont des droits mobiliers, encore que des immeubles dépendant de ces entreprises appartiennent aux compagnies. Ces actions ou intérêts sont réputés meubles à l'égard de chaque associé seulement, tant que dure la société (art. 529).

Ces compagnies ou sociétés forment un être moral, propriétaire de tout ce qui se trouve dans la société; il s'ensuit qu'aucun des associés n'est propriétaire de sa portion dans les immeubles que possède la société; il n'a qu'un droit à sa portion dans la valeur de ces immeubles : son droit n'est donc pas un droit immobilier. Ce n'est qu'à la dissolution de la société que son action peut devenir immobilière. Mais il faut bien remarquer que ces immeubles conservent toujours leur qualité d'immeubles à l'égard des tiers : il s'ensuit qu'ils peuvent leur être hypothéqués.

Dans les sociétés civiles, au contraire, chaque associé est propriétaire de sa part dans les immeubles qui appartiennent à la société, en sorte qu'il peut soumettre sa part à une hypothèque.

3° Toutes les rentes constituées en perpétuelles ou viagères, soit sur l'État, soit sur des particuliers, sont meubles.

Anciennement on distinguait encore une autre espèce de rentes, qu'on appelait rentes foncières. C'étaient des redevances à perpétuité sur un certain héritage et qui le suivaient partout. Elles étaient toutes immobilières. Il n'en était pas ainsi des rentes constituées. La coutume de Paris les réputait immeubles, d'autres coutumes les réputaient meubles[1]. Toujours est-il vrai que la nature de la rente était réglée par la loi du domicile du créancier à qui elle était due[2]. Nous n'avons pas à nous occuper des nombreuses difficultés qui pouvaient s'élever à cet égard dans l'ancien droit[3]. Aujourd'hui toute distinction a cessé, toutes les rentes constituées sont meubles, à moins qu'elles n'aient été immobilisées comme nous l'avons déjà dit.

La constitution de rente est un contrat par lequel une partie stipule un intérêt pour un capital qu'elle s'interdit d'exiger. Ce capital peut consister soit dans une somme d'argent, soit dans un fonds immobilier. Nous observerons ici que toute rente constituée est essentiellement rachetable, mais les parties peuvent convenir que le rachat ne sera pas fait avant un certain délai déterminé par les art. 530 et 1911 du Code civil.

La loi a gardé le silence à l'égard des charges, telles que celles des notaires, avoués, huissiers, des avocats à la Cour de cassation, des greffiers, des agents de change, des courtiers et des commissaires priseurs, etc.

[1] Pothier, *Traité de la communauté*, n° 81.

[2] *Idem*, n° 86.

[3] *Idem*, n°ˢ 86 et suiv.

Sous l'ancienne législation la plupart des charges étaient considérées comme des immeubles. L'art. 95 de la coutume de Paris portait *qu'un office vénal est immeuble.* La coutume d'Orléans renfermait une pareile disposition.

Mais il est évident qu'aujourd'hui toutes ces charges doivent être rangées parmi les meubles. En effet, soit que l'on envisage la clientelle, soit que l'on considère le droit de présentation à la succession de la charge, la charge ne peut être que meuble, car la clientelle ne donne que des produits mobiliers, et le droit de présentation procure des valeurs de même nature.

Sont pareillement meubles, d'après les mêmes principes, la propriété littéraire, les droits attachés aux brevets d'invention et à toutes les productions du talent et de l'industrie.

Il en est de même d'un fonds de commerce ; il est meuble, parce que sa valeur est tout entière dans l'achalandage et les marchandises, choses évidemment mobilières.

SECTION III.

Signification des mots meubles, meubles meublants, biens meubles, mobilier, effets mobiliers.

Le mot *meubles,* pris dans son acception la plus large, comprend généralement tout ce qui n'a pas le caractère d'immeubles.

Néanmoins, comme dans l'usage on distingue entre les expressions *meubles, meubles meublants, biens meubles, mobilier, effets mobiliers,* il est essentiel d'établir d'une manière précise la signification légale de chacune d'elles.

Les expressions *biens meubles, mobilier, effets mobiliers,* comprennent généralement tout ce qui est censé meubles d'après les règles établies aux deux premières sections du chapitre II.

Les mots *meubles meublants* ne comprennent que les meubles destinés à l'usage et à l'ornement des appartements, comme tapisseries, lits, siéges, glaces, pendules, tables, porcelaines et autres objets de cette nature. Les tableaux et les statues qui font partie des meubles d'un appartement y sont aussi compris, mais non les collections des tableaux qui peuvent être dans les galeries de pièces particulières. Il en est de même des porcelaines : celles seules qui font partie de la décoration d'un appartement sont comprises sous la dénomination de *meubles meublants*. Cette expression a évidemment une acception plus circonscrite que celle de *biens meubles*. Le mot *meublants* n'est ajouté que pour limiter le sens trop étendu du mot *meubles*, et pour le restreindre aux meubles des appartements.

Il s'ensuit que la vente ou le don d'une maison meublée ne comprend que les meubles meublants (art. 535) ; tandis que la vente ou le don d'une maison avec tout ce qui s'y trouve, comprend tous les effets mobiliers, à l'exception de l'argent comptant, et des dettes actives et autres droits dont les titres peuvent être déposés dans la maison (art. 536).

Quant au mot *meubles*, employé seul et sans addition, il peut avoir différentes significations suivant le sens de la disposition à laquelle il est joint. S'il n'y a aucune désignation qui puisse le fixer à un sens plutôt qu'à un autre, il ne comprend pas l'argent comptant, les pierreries, les dettes actives, les livres, les médailles, les instruments des sciences, des arts et métiers, le linge de corps, les chevaux, équipages, armes, grains, vins, foins et autres denrées ; il ne comprend pas non plus ce qui fait l'objet d'un commerce (art. 533).

Tout ce qui n'est pas excepté dans l'énumération des objets indiqués par cet article, est compris sous l'expression de *meubles*, employée seule et sans addition, tels sont l'argenterie, le linge autre que le linge de corps, etc.

DEUXIÈME PARTIE.

DES BIENS DANS LEUR RAPPORT AVEC CEUX QUI LES POSSÈDENT.

Les biens considérés dans leur rapport avec ceux qui les possèdent peuvent être divisés en trois grandes classes : 1° ceux qui appartiennent à l'État et que pour cette raison on appelle *biens nationaux ;* 2° ceux qui appartiennent à des communes, communautés ou établissements publics ; 3° enfin ceux qui appartiennent à des particuliers.

Ici surtout il est essentiel de ne pas confondre les biens et les choses.

Nous avons dû nous occuper des biens et sous ce rapport la division que nous avons admise nous paraît la plus large et la plus complète. Elle embrasse, en effet, tous les biens dans la signification propre de ce mot. Mais, s'il s'agissait des choses, il faudrait distinguer celles qui n'appartiennent à personne et dont l'usage est commun à tous (art. 714) comme l'air, les eaux courantes, la mer, les coquillages, les poissons, les animaux sauvages, etc. Plusieurs d'entre elles peuvent devenir l'objet d'une propriété, même privée, mais il en est d'autres aussi qui ne sauraient être l'objet d'une propriété, même publique. Des lois de police règlent la manière d'en jouir (art. 714).

I. *Biens nationaux.*

Les biens nationaux sont ceux qui appartiennent à l'État ; ils sont de deux espèces :

1° Ceux dont la propriété est à l'État et l'usage en général aux particuliers ; ces biens dépendent tellement du domaine public, qu'ils ne peuvent, sans changer de nature, cesser d'en faire partie. Tels sont les chemins, routes et rues à la charge de l'État, les fleuves et rivières navigables et flottables, les rivages, lais et relais de la mer, les ports, les havres, les rades et généralement toutes les portions du territoire français qui ne sont pas susceptibles d'une propriété privée (art. 538). Tous ces biens tant qu'ils conservent leur destination sont placés hors du commerce et sont par conséquent imprescriptibles.

Tels sont encore les portes, murs, fossés, remparts des places de guerre et des forteresses; ils font également partie du domaine public (art. 540).

2° Les autres biens appartenant à l'État, sont les propriétés foncières de toute espèce, qui font partie du domaine national, les forêts, tous les biens vacants et sans maître, et ceux des personnes qui décèdent sans héritiers ou dont les successions sont abandonnées (art. 539). Il faut encore y ajouter les terrains, les fortifications et les remparts des places qui, par leur changement de destination, ne sont plus places de guerre (art. 541).

Les îles, îlots, attérissements qui se forment dans le lit des fleuves ou des rivières navigables ou flottables (art. 560).

Tous ces biens appartiennent à l'État s'ils n'ont pas été valablement aliénés ou si la propriété n'en a pas été prescrite contre lui, car ils sont dans le commerce, et l'État les possède comme un simple particulier.

Toutefois ils ne peuvent être aliénés qu'en vertu d'une loi.

II. Biens communaux.

De même que l'État, les communes ont une existence civile; elles possèdent des biens consacrés au service public ou bien destinés à satisfaire aux besoins des membres de la commune.

Les biens qu'elles possèdent sont de deux espèces: les uns sont hors du commerce; destinés à des usages publics et devant servir à la masse des habitants d'une même commune, ils ne sont pas susceptibles de devenir l'objet d'une propriété privée, du moins tant que leur destination n'a pas changé. Tels sont les rues, les églises, les places, les édifices publics, les chemins.

Les autres biens possédés par les communes, sont dans le commerce ; ils sont communaux ou patrimoniaux.

Les biens communaux sont ceux à la jouissance desquels concourent tous les habitants, et auxquels ils ont un droit acquis ; mais il faut pour cela que les habitants fassent réellement partie de la commune, c'est-à-dire qu'ils y aient fixé leur résidence depuis un an. Tels sont les pâturages qui nourrissent leurs bestiaux, les bois dont les coupes leur sont distribuées.

Les biens patrimoniaux sont ceux dont la propriété appartient à la commune, mais dont les habitants n'ont pas la jouissance en nature, c'est-à-dire que ces biens se louent, s'afferment ou s'exploitent régulièrement, et que le produit qu'on en retire est employé par l'administration aux besoins de la commune.

Les biens des communes ne sont administrés et ne peuvent être loués ou aliénés que dans les formes et suivant les règles qui leur sont particulières ; ils sont également prescriptibles (art. 2227).

Quant aux biens des hospices et autres établissements publics, ils sont, comme ceux des communes, soumis à des règles particulières, soit pour leur aliénation, soit pour leur administration ; ils sont pareillement prescriptibles (art. 2227).

III. Biens des particuliers.

Les particuliers ont la libre disposition des biens qui leur appartiennent, sous les modifications établies par les lois (art. 537).

Les particuliers, seuls arbitres de leurs intérêts, administrent librement leurs biens, ils ont le droit d'en jouir de la manière la plus absolue ; néanmoins la loi a dû apporter quelques restrictions à ce droit. Elle a dû le subordonner à l'utilité et à la sûreté générales.

⸻ ⬥⬥⬥ ⸻

JUS ROMANUM.

DE RERUM DIVISIONE.

I.

Rerum prima summaque divisio in duos articulos deducitur : res enim in patrimonio nostro sunt vel extrà patrimonium nostrum.

Quæ in patrimonio sunt, specialiter *res privatæ* aut *res singulorum* appellantur, cùm verè et actu vel juris intellectu in bonis nostris sunt. Eæ autem in patrimonium veniunt, aut jure naturali, aut jure civili. Notandum est quod res privatæ *in bonis nostris* esse possunt, etsi in dominio non sint. « *In bonis autem nostris,* ait Ulpianus, *computari* « *sciendum est, non solùm quæ dominii nostri sunt, sed etsi bonâ fide a* « *nobis possideantur* » (L. 49, D. de verb. signif.).

Quæ extrà patrimonium sunt distinguuntur in *res omnium communes,* in *res publicas, universitatis* et *res nullius.*

Res autem communes sunt, quarum dominium nullius, usus verò omnium est, velut aer, aqua profluens, mare, littora maris (§ 1, I. de rer. divis. et L. 2, § 1, D. de rer. divis.).

Publicæ res plerumque appellari solent quæ populi alicujus juri sunt subjectæ, ideòque duplex earum genus distinguendum : alterum, quarum usus spectat ad omnes qui sunt ejusdem populi, ut flumina publica ripæque eorum, ut portus, ut viæ publicæ; ad alterum eas referunt, quæ in pecuniâ populi seu in bonis habentur, quales sunt agri redituusque publici.

Res universitatis sunt, quæ ad quamdam societatem, sive collegium, aut corpus, aut civitatem pertinent. Duo genera distinguenda : primum earum quæ in omnium, qui ejusdem universitatis sunt, usu habentur, veluti theatra, stadia ; alterum amplectitur pecuniam universitatis, quæ quidem sumptus in communem omnium utilitatem erogandos, suppeditat.

Nullius res quæ dominum non habent, in duas species dividuntur : sunt enim *divini juris :* quas propriè *nullius* vocamus, quià non solum in singulorum patrimonio non sunt, sed quia nunquàm inesse possunt, propterea quod nòn sunt in hominum commercio (§ 7, I. de rer. divis. § 2, I. de inutil. et stipul.) ; aut *humani juris,* quas minùs strictè *nullius* vocamus, quià etsi nullius in bonis sunt, possunt tamen res alicujus fieri, eæ enim in commercio versantur. Inter eas numerandæ sunt res nondùm occupatæ, quales feræ, lapilli, gemmæ, thesaurus et generaliter omnes res quamdiù occupatione proprietatem nemo acquisivit (§§ 12, 22 et 39, I. de rer. div. et L. 3, D. de rer. divis.).

Res divini juris sunt *sacræ, religiosæ* aut *sanctæ.*

Res autem *sacræ* erant quæ publicè Diis superis consecratæ fuerant à pontificibus vel principe, tanquam pontifice maximo. Non prætereundum est quod consecratio ex legislatoris auctoritate fieri debebat. Lex enim Papiria ædem vel fundum, absque consensu populi consecrari prohibebat. Res sacræ æstimationem non recipiebant, nec obligari alienarique poterant, exceptâ videlicet causâ redemptionis captivorum, itemque famis, tùm etiam æris alieni ecclesiæ solvendi (Nov. 120, ch. 10). Manet autem res sacra, etiam diruto ædificio, nisi vel ab hostibus capta, vel sacris evocatis religione liberata sit.

Res religiosa erat fundus quo corpus vel ossa hominis sive liberi, sive servi, perpetuæ sepulturæ causâ, condita fuerant. Res religiosa nihil aliud est quàm sepulchrum. Nec igitur monumentum sive cenotaphium religiosus est locus. Quod si in diversis locis sepultum est cadaver, tùm ille locus religiosus fit, ubi, quod est principale, conditum est, id est caput.

D4.

Religiosum locum unusquisque suâ voluntate facit, dùm in suum fundum mortuum inferat; in communem autem, invito socio, inferre non licet, item in alienum, nisi domino consentiente vel posteâ ratum habente. Itaque cùm inhumatio alieno fundo facta fuerit, locus non fit ideò religiosus; sed domino fundi non licet mortuum ejicere. Illi verò competit actio *in factum* adversùs inferentem sive ad mortuum tollendum sive ad pretium fundi præstandum. Potest tamen dominus, cum decreto pontificis vel jussu principis, ossa effodere.

Cœterùm res religiosæ commercio eximuntur, ideòque nec in usu profanos adhiberi, nec alienari, nec legari possunt, nec propriè in dominio habentur. Cùm autem impetratur ut reliquæ transferantur, desinit locus religiosus esse (L. 44, § 1, D. de relig.).

Sanctæ denique *res* dicuntur, quæ ab injuriâ hominum quâdam sanctione defensæ ac munitæ sunt, veluti muri et portæ civitatis. Res sanctæ quodammodò divini juris sunt et ideò nullius in bonis. Et ob id muri sancti dicti sunt, ut in Institutionibus legitur, quià pœna capitis, in eos qui aliquid in muros deliquerint, constituta est. Leges quoque sanctæ erant, ideòque inviolabiles : item de patrono et personâ patris (§ 10, Inst. de rer. divis., L. 9, D. de obseq. parent. et patr. præst.).

II.

Quædam præterea res *corporales* sunt, quædam *incorporales*.

Corporales sunt quæ sui naturâ cerni tangive possunt et quæ sub sensum exteriorem cadunt, veluti fundus, homo, vestis, aurum, argentum et nummi, etc.

Incorporales autem sunt quæ tangi vel demonstrari non possunt, quæ animo tantùm atque intellectu percipiuntur, qualia sunt ea quæ in jure consistunt, sicut hæreditas, servitus, ususfructus, obligationes quoquo modo contractæ. Nec ad rem pertinet, quod in obligatione aut usufructu res corporales contineantur. Nam distinguitur obligatio ab iis rebus quæ in ipsâ versantur, ususfructus à fructibus qui in fundo percipiuntur; nam ipsum jus obligationis, aut usûsfructûs incorporale est (Gaii, *Inst.* comment. II, § 12 et seq., et L. I, § 1. D. de reb. corpor. et incorp.).

Rerum corporalium aliæ sunt *mobiles*, aliæ *immobiles*. Illæ, quæ salvâ sui substantiâ in alium locum moveri possunt, hac, quæ cùm solo contineantur, moveri non possunt.

Mobiles item in duas species dividuntur : aut enim animâ carent, qualia sunt aurum, argentum, vestis aliaque complura ex hoc genere; aut animatæ sunt, quæ etiam se moventes appellantur, ut servi, ut animalia.

Immobilium aliæ sunt tales *naturâ* quæ vocantur *res soli*, ut fundi, ædificia : aliæ tales *juris fictione*, sive quoniam ædificiis vel solo cohærent ut seræ, claves, claustra, vincta, fructus pendentes, sive quoniam ad usum quotidianum perpetuumque destinantur, ut canales, et omnia quæ terrâ continentur. Ea quæ ex ædificio detracta sunt ut reponantur, ædificii sunt, at quæ parata sunt ut imponantur, non sunt ædifici (L. 15 et L. 17, §§ 7 et 10, D. de act. empt. et vend.

Nunc iterùm mobiles distinguuntur in *fungibiles* et *non fungibiles*.

Sunt *fungibiles* quæ ipso usu consumuntur et quæ plurimùm in numero, pondere et mensurâ consistunt (L. 2, § 1, D. de reb. cred.). Lex eas res quasi quantitates habet; qualia sunt grana, vinum, summa pecuniæ, etc., quià in genere suo magis functionem recipiunt per solutionem, quàm in specie (L. 2, § 1, D. de reb. cred. § 2, 1. de usufr.).

Non fungibiles, quæ in specie speciatim consistunt, quarum corpora certa rataqua sunt, et quæ si pereunt, non rebus ejusdem naturæ restituuntur, ut domus, æquus, etc.

Quoad res incorporales vel jura, naturâ nec mobilia nec immobilia, sed ea, quæ ad mobile tendunt, sunt mobilia, ad immobile verò, immobilia.

Ad eum modum sunt immobilia: jura servitutum, ususfructus rei immobilis, ita quoque actiones ad rem immobilem recuperandam; et id secundum regulam juris : *is, qui actionem habet ad rem recuperandam, ipsam rem habere videtur* (L. 15, D. de divers. reg. juris).

III.

Res adhuc aliam divisionem recipiunt; distinguuntur et *principales* et *res accessoriæ.*

Sunt enim *principales* quæ per se ipsas consistunt aut quæ aliis, vel numero, vel extensione, vel pretio superiores sunt. *Accessoriæ* verò quæ accedunt et adeò aliis inhærent, ut, cùm principales deficiant, deficiant et accessoriæ. Hinc regula juris : *accessorium sequitur principale suum* (§ 29 et § 33, I. de rer. div. L. 19, § 13, D. de auro argento. L. 17, § 1 et seq., D. de act. empt. et vend. et L. 23, § 3, D. de rei vind.).

IV.

Res sunt *dividuæ* vel *individuæ.*

Dividuæ sunt quæ divisionem vel naturalem, vel civilem recipiunt.

Individuæ, quæ nullo modo dividi possunt, sive id lege impediatur, sive privatorum conventione, sive ipsius rei naturâ.

Rerum dividuarum quædam naturaliter dividi possunt, ut omnes res fungibiles, qualia grana, vinum, summa pecuniæ; quædam juris intellectu dividuæ sunt, etsi materiâ individuæ, sicut ædes, fundi quæ pro indiviso ad plures pertinent.

Quædam individuæ sunt et naturâ et juris intellectu, veluti jura servitutum, obligatio facti individui (L. 1, § 9, et L. 7, D. ad leg. falc. L. 17, D. de servit.).

V.

Res sunt *singulæ* vel *singulares*, aut *universitatis*.

Singulæ sunt quæ speciem individuam formant ut, homo, tignum, lapis et similia.

Universitatis autem *rerum* duo sunt genera: unum est, quod ex pluribus inter se cohærentibus rebus constat, qualia sunt ædificium, navis, armarium *(res connexæ vocantur)*; (L. 3o, p. D. de usurp. et usucap.); alterum, quod ex distantibus constat, ut corpora plura, non soluta, sed uni nomini subjecta, ut pecus, exercitus, hæreditas (L. 3o, pr. et § 2, D. de usurp. L. 2o8. D. de verb. signif. L. 1, pr. et § 3, D. de rei vindic.).

VI.

Ex antiquo Romanorum jure alia insuper est rerum divisio, scilicet *rerum mancipi et nec mancipi.*

Res mancipi vocabantur, sive res mancipatione præditæ, quæ ab alienari poterant, vel quarum possessio de uno ad alterum transferri poterat, emancipationis ritu, id est certis verbis, libripende et quinque testibus præsentibus (Gaii, Com. I, § 119).

Res mancipi etiam sine mancipatione tradebantur: tunc tamen tantùm in bonis erant accipientis, non in dominio quiritario (Ulp. tit. I, § 16); nisi per modum adquirendi juris civilis accessisset dominium quiritarium (Gaii, Inst. com. II, § 2o4).

Mancipi res sunt prædia in Italico solo, tam rustica, qualis est fundus, quàm urbana, qualis domus, item jura prædiorum rusticorum, velut via, iter, actus, aquæductus; item servi et quadrupedes quæ collo dorsove domantur, velut boves, muli, equi, asini. Omnes illæ res, secundùm Gaium et Ulpianum, mancipi sunt, cæteræ res nec mancipi. Id est, omnes quæ suprâ non enumerantur.

Justinianus præitereà omnem differentiam, inter res mancipi et nec mancipi sustulit (Const. un. C. de nudo jure quir. toll.).

PROCÉDURE CIVILE.

(Art. 363-367.)

DU RÈGLEMENT ET DE L'INDICATION DE JUGES.

DU RÈGLEMENT DE JUGES.

Il y a lieu à règlement de juges dans le cas d'un conflit de juridiction, c'est-à-dire lorsqu'une affaire est portée à la fois devant deux ou plusieurs tribunaux soit dans l'ordre civil, soit dans l'ordre administratif. Lorsque le conflit existe entre un tribunal civil et une juridiction administrative, il s'appelle conflit d'attribution. Le conflit peut encore exister en matière de procédure criminelle. Mais nous n'avons à nous occuper ici que du conflit en matière de procédure civile.

Le conflit est positif lorsque deux ou plusieurs tribunaux se déclarent compétents ; il est négatif, lorsqu'ils se déclarent incompétents.

Le règlement de juges est l'acte par lequel une juridiction supérieure décide quel est celui des tribunaux qui doit connaître de l'affaire.

I. Devant quelle autorité se porte la demande en règlement de juges.

Dans l'ancienne législation française la demande en règlement de juges n'était recevable que quand deux cours souveraines ou deux juridictions inférieures indépendantes l'une de l'autre et ne ressortissant pas à la même cour se trouvaient saisies d'un même différend. La demande, tant en matière criminelle qu'en matière civile, devait être portée au conseil du roi suivant l'ordonnance du mois d'août 1737, réglant les formes de procéder.

La loi du 1ᵉʳ décembre 1790, en instituant la Cour de cassation, lui a, entre autres pouvoirs, donné celui de connaître de tous les règlements de juges. Cette attribution lui fut maintenue par la constitution de l'an III (art. 254), par celle de l'an VIII (art. 65), et par la loi du 27 ventôse suivant l'art. 76.

Mais l'art. 363 du Code de procédure civile a restreint à certains cas seulement la compétence de la Cour de cassation en matière de règlement de juges. Cette restriction apportée par le Code de procédure à une des attributions de la Cour de la cassation a été consacrée par la jurisprudence de cette Cour. C'est ainsi qu'elle a cassé des arrêts rendus par des Cours royales qui s'étaient déclarées incompétentes pour statuer sur des demandes en règlement de juges, lors même que cette demande avait été faite par suite d'un conflit existant entre deux tribunaux de première instance ressortissant à la même Cour.

Ces décisions sont d'ailleurs conformes à l'esprit qui a présidé à l'organisation des pouvoirs judiciaires en France. La loi du 27 ventôse an VIII sur cette organisation, ayant créé des Cours d'appel, il était naturel de leur attribuer cette compétence, pour tous les cas où le conflit existerait entre des tribunaux ressortissant à la même autorité immédiatement supérieure, et de la conserver à la Cour de cassation, dans ceux où ces tribunaux ressortiraient à des juridictions différentes, puisqu'alors la Cour de cassation est la seule autorité supérieure qui leur soit commune.

Lorsqu'il y a conflit de juridiction soit positif, soit négatif, la demande en règlement de juges doit être portée devant l'autorité immédiatement supérieure et qui a dans son ressort les tribunaux entre lesquels il y a conflit. Il s'ensuit que :

Si un différend est porté à deux ou plusieurs tribunaux de paix, ressortissant au même tribunal d'arrondissement, le règlement de juges sera porté à ce tribunal ;

Si les tribunaux de paix relèvent de tribunaux d'arrondissement différents, le règlement de juges sera porté à la Cour royale.

Si ces tribunaux ne ressortissent pas à la même Cour royale, le règlement sera porté à la Cour de cassation.

Lorsqu'un différend est porté à deux ou à plusieurs tribunaux de première instance ressortissant à la même Cour royale, le règlement de juges sera porté à cette Cour ; il sera porté à la Cour de cassation, si les tribunaux ne ressortissent pas à la même Cour royale, ou si le conflit existe entre une ou plusieurs cours.

Il y a également lieu à règlement de juges, lorsqu'une même affaire est portée à la fois devant deux tribunaux dont l'un serait juge d'appel de l'autre. Par exemple, s'il existe un conflit entre un tribunal de paix et un tribunal de première instance placés dans le ressort de la même Cour royale, la demande en règlement sera portée à cette cour. Si ces tribunaux ne ressortissent pas tous les deux à la même Cour royale, la demande sera portée à la Cour de cassation.

Ici s'élève une question : une partie qui a été déboutée d'un déclinatoire, tout en demandant son renvoi devant un tribunal ressortissant à une autre Cour, peut-elle se pourvoir en règlement de juges, encore qu'il n'y ait pas de conflit? par exemple, une affaire est portée devant le tribunal civil de Strasbourg; le défendeur oppose un déclinatoire et demande son renvoi devant le tribunal civil de Nancy, peut-il se pourvoir en règlement de juges, et devant quelle autorité ?

Nous sommes d'avis qu'il y a lieu au règlement de juges et par la Cour de cassation. L'art. 363 du Code de procédure n'ayant pas prévu ce cas, l'art. 19 de l'ordonnance de 1737 doit recevoir son application ; cet article porte : « *La partie qui aura été déboutée d'un décli-* « *natoire par elle proposée dans la Cour ou dans la juridiction qu'elle pré-* « *tendra incompétente et de sa demande en renvoi dans une autre Cour ou* « *dans une juridiction d'un autre ressort, pourra se pourvoir en notre* « *grande chancellerie ou en notre conseil, en rapportant le jugement rendu* « *contre elle et les pièces justificatives de son déclinatoire, moyennant quoi* « *il lui sera accordé des lettres ou un arrêt, etc.* » Nous disons que cet article n'a subi aucune dérogation. Telle est l'opinion de M. Carré, et c'est ce qui a été décidé par un arrêt de la Cour de cassation du 3o juin 1807. Mais la demande en règlement serait-elle recevable *si le tribunal, après avoir rejeté le déclinatoire, avait statué sur le fond ?* M. Carré décide la négative, et voici ses raisons : « parce que, dit-il, l'ordonnance de 1737 n'autorise les parties déboutées du déclinatoire par elle proposé devant les tribunaux de première instance ou d'appel à se pourvoir en règlement de juges devant la Cour de Cassation, qu'autant qu'il a été statué sur le déclinatoire seulement et que le fond est à juger. » On peut répondre à M. Carré que l'art. 19 de l'ordonnance de 1737 ne distingue pas ; or nous ne devons pas distinguer non plus. Nous soutenons donc l'affirmative, avec cette condition cependant, que les parties n'auront pas conclu. Mais où faudra-t-il porter la demande en règlement de juges ? Ce sera à la Cour de cassation. En effet, on ne pourrait pas la porter à la Cour royale ; car de deux choses l'une : ou la Cour royale réforme le jugement et admet le déclinatoire, et alors il faudrait nécessairement ordonner le renvoi devant le tribunal de Nancy ; or c'est ce que la Cour ne peut point, elle excéderait ses pouvoirs, puisque les deux tribunaux ne sont pas dans son ressort ; ou bien elle confirme le jugement, et alors son arrêt sera attaquable devant la Cour de cassation. Cela résulte de l'art. 20 de l'ordonnance de 1737, dont voici le texte : « *La*

« *disposition de l'article précédent aura lieu encore que sur l'appel inter-*
« *jeté par le demandeur en déclinatoire de la sentence qui l'en a débouté,*
« *ladite sentence eût été confirmée par arrêt.*»

Il y a également lieu à règlement de juges en matière commerciale;
ce point ne saurait faire aucune difficulté ; en effet, l'art. 363 du Code
de procédure civile est général, il ne fait aucune distinction. Il parle
des tribunaux de première instance, mais il est évident que ces expressions s'appliquent aux tribunaux de commerce, puisque ce sont
aussi des tribunaux de première instance. C'est, du reste, ce qu'a décidé la Cour de cassation par arrêt du 23 décembre 1807, en statuant
sur un conflit entre le tribunal de commerce de Lyon et celui d'Orléans.

II. *Des formes de la demande en règlement de juges.*

Aux termes de l'art. 49 du Code de procédure civile, la demande
en règlement de juges est dispensée du préliminaire de conciliation.

La partie qui veut se faire régler de juges est obligée de demander
la permission d'assigner en règlement ; à cet effet, elle présente requête au tribunal ou à la Cour qui doit connaître du conflit, elle y
joint les pièces justificatives, c'est-à-dire les demandes formées dans
différents tribunaux. Sur la requête et le vu des pièces justificatives,
il est rendu jugement portant permission d'assigner en règlement, et
les juges peuvent ordonner qu'il sera sursis à toutes procédures dans
les tribunaux. Il faut cependant remarquer que ce jugement doit
être rendu sur les conclusions du ministère public, car cette affaire
est communicable aux termes de l'art. 83 du Code de procédure.
Le tribunal peut refuser cette permission, s'il reconnaît que la demande en règlement est mal fondée. En effet, s'il n'avait pas cette faculté, à quoi servirait le jugement portant *permission* qu'il doit rendre ?
Cependant, par la force des choses, il devra l'accorder, toutes les fois
qu'il résultera clairement de la présentation des exploits de demande,

qu'une même affaire est portée à deux ou à plusieurs tribunaux , et cela sous peine de déni de justice , à moins qu'il ne s'agisse pas d'une même demande ou de demandes essentiellement connexes.

Si le tribunal accorde la permission d'assigner, il pourra, disons-nous, ordonner qu'il soit sursis à toutes procédures ; le sursis est donc facultatif, il est laissé à l'arbitrage du juge qui peut le refuser ou l'accorder selon les circonstances.

Lorsque le tribunal a permis d'assigner, le demandeur doit signifier le jugement et assigner les parties au domicile de leurs avoués ; mais comme dans les justices de paix et dans les tribunaux de commerce, la procédure se fait sans le ministère d'avoués ; la signification exigée par l'art. 365 doit évidemment alors être faite à personne ou à domicile. Il faut observer que la signification du jugement et l'assignation doivent être faites par un même acte conformément à l'art. 29 du tarif. Cependant , si ces actes étaient faits séparément, il n'en résulterait pas une nullité.

Le délai pour signifier le jugement et pour assigner est de quinzaine , à compter du jour du jugement. Si le demandeur laisse passer ce délai, il demeure déchu du règlement de juges. Cette déchéance a lieu de plein droit *ipso jure,* sans qu'il soit besoin de la faire ordonner , et les poursuites peuvent être continuées dans le tribunal saisi par le défendeur en règlement.

Le délai pour compararaître est celui des ajournements , c'est-à-dire de huitaine, en comptant les distances d'après le domicile respectif des avouées ou des parties.

La demande en règlement de juges étant une matière ordinaire, le défendeur peut défendre par écrit. Cette demande n'est , du reste, qu'un déclinatoire , et l'art. 75 du tarif permet d'instruire en cette forme sur un déclinatoire.

Le demandeur qui succombera pourra être condamné aux dommages et intérêts envers les autres parties, mais cette condamnation est laissée à la discrétion du tribunal. Ainsi, elle pourrait être prononcée si la demande n'était fondée sur aucun motif plausible, et si elle n'était qu'une vaine chicane pour prolonger la contestation au détriment du défendeur. Nous devons ajouter que si la demande en règlement est fondée, le défendeur doit, comme toute partie qui succombe, être condamnée aux dépens selon le vœu de l'art. 130 du Code de procédure civile.

De l'indication de juges.

Lorsqu'une partie ne peut, en raison de certaines circonstances, savoir à quel tribunal s'adresser pour faire vider une contestation, il y a lieu de former une demande en indication de juges. Ainsi, si une cause est de nature à être portée devant le tribunal de paix, mais que le juge n'existe plus ou qu'il soit empêché et qu'il n'ait pas de suppléant ou que celui-ci soit également empêché, et que de cette manière le juge désigné par la loi vienne à manquer, il faudra se pourvoir en indication de juges devant le tribunal immédiatement supérieur.

Il en serait de même dans le cas où les juges d'un tribunal de première instance se trouveraient empêchés par des circonstances de force majeure.

Quant à la procédure à suivre, elle est la même que celle de la demande en règlement de juges.

FIN.

9 782014 033687